DES CRISES D'ARGENT

ET

DU CREDIT RÉPUBLICAIN.

IMPRIMÉ CHEZ PAUL RENOUARD,
Rue Garancière, n. 5

DES

CRISES D'ARGENT

ET

DU CRÉDIT

RÉPUBLICAIN,

Par F. CHURCHILL.

PRIX : 30 CENTIMES.

PARIS.

GARNIER FRÈRES,

AU PALAIS NATIONAL, ET RUE RICHELIEU, N. 10,

PAUL MASGANA, GALERIE DE L'ODÉON, N. 12.

1848.

Je ne suis pas Français, mais j'aime, et dans la limite de mes moyens je sers la France. Je ne suis pas Français, mais la France tente aujourd'hui une redoutable expérience dont l'humanité entière doit recueillir le bénéfice. Les questions qui intéressent son avenir, qui touchent à la consolidation et au développement de l'ordre social qu'elle vient d'inaugurer, sont donc du ressort de tous les hommes : c'est à ce titre que j'élève la voix.

Des études plus approfondies, une réflexion plus mûre m'eussent sans doute permis de donner à mon travail une forme meilleure, une rigueur plus grande; mais le temps presse, les peuples sont en marche, et la France, tête de colonne, ne peut plus s'arrêter en chemin.

J'apporte donc une petite pierre toute grossière au grand architecte, le peuple, heureux si elle peut mériter de trouver place dans le vaste édifice de l'avenir.

Pour mes intentions je demande l'indulgence, pour mes erreurs je ne veux ni miséricorde ni pitié; entre le vrai et le faux, il ne doit y avoir ni repos ni trêve : c'est ainsi que je juge, c'est ainsi que je demande à être jugé.

Paris, le 24 mars, 1848.

DES

CRISES D'ARGENT

ET DU

CRÉDIT RÉPUBLICAIN.

Je vais étudier les causes des crises financières et le moyen d'y porter remède.

Les questions d'industrie et de production générale, quoiqu'elles tiennent par des liens intimes aux questions financières, en sont cependant distinctes. Ainsi, si la France perd une récolte, il y a crise de production; si, pour des causes quelconques ceux qui possèdent le numéraire, l'emportent ou l'enfouissent, il y a crise financière. Je prie le lecteur de ne pas perdre de vue cette distinction.

Nous sommes en pleine crise : toutes les transactions sont arrêtées, les commerçants ferment boutique, les ouvriers sont sans travail, et le Gouvernement de la République ne sait de quel côté commencer pour faire rentrer l'ordre dans ce chaos.

Pourquoi ?

Parce que nous avons la République, disent les partisans du régime déchu.

A quoi je réponds : Non. Vous auriez la monarchie demain, que la crise n'en existerait pas moins.

Et la preuve, c'est que l'Angleterre a eu sa crise l'année dernière, sans avoir éprouvé de révolution ; c'est qu'elle l'aura encore l'année prochaine, qu'elle éprouve une révolution ou non. La cause des crises financières n'est nullement politique ; elle ne dépend nullement de la forme du gouvernement ; elle agit sous les républiques, comme dans les monarchies, dans les monarchies, comme dans les républiques : elle est ailleurs, ainsi que je le prouverai plus loin.

C'est parce que nous n'avons pas d'argent, disent les hommes d'affaires.

Et pourquoi n'avons-nous pas d'argent?

Parce qu'il n'y a pas de confiance.

Il faut donc attendre que la confiance revienne ?

Oui.

Mais la confiance est longue et difficile à venir, tandis qu'elle s'évanouit avec la plus grande facilité : c'est un vrai château de cartes, qu'on n'élève qu'avec une infinité de peines et de précautions, et qu'un souffle suffit pour renverser.

D'ailleurs, si la confiance ne revenait pas, ou si elle ne revenait qu'au bout d'un mois, d'un an, de deux ans, que sais-je? si elle ne revient que lorsqu'il plaira aux gens d'argent de la faire revenir, nous faudra-t-il donc attendre toujours, et rester dans la gêne?

Oui.

C'est un peu dur, c'est très dur même.

Mais il n'y a donc, selon vous, que les gens

d'argent qui aient le droit de montrer de la confiance ou de la défiance? Il n'y a donc que les gros capitalistes, les hommes de banque qui puissent consolider un gouvernement? Ainsi les petits commerçants, les petits cultivateurs, les millions de travailleurs et de penseurs, qui font la force et la gloire d'un pays, auront beau avoir voix au chapitre politique, ils ne seront toujours que des ilotes au chapitre commercial. Quand l'homme d'argent aura peur, la nation entière devra trembler; quand la Banque n'aura rien dans ses coffres, le peuple n'aura rien non plus à se mettre dans le ventre.

Est-ce que, par hasard, MM. les financiers auraient la prétention de croire qu'ils peuvent étrangler la République avec le cordon de leur bourse?

Selon eux, le monde ne roule que sur des écus; selon moi, il ne roule que sur des idées.

Voyons un peu, examinons.

Si tous les gros banquiers fermaient leur caisse, si tous les petits capitalistes enfouissaient leurs écus dans leur jardin, comme M. Thiers prétend qu'ils l'ont fait pendant la première Révolution, la France en serait-elle pour cela plus pauvre?

Oui, disent les hommes de finances; oui, disent les économistes; oui, disent les gens qui passent leur vie à étudier les questions de banque, de système monétaire, etc., etc.

Eh bien! moi qui ne suis rien, ni banquier, ni financier, ni capitaliste, ni économiste, je prétends que non. Je prétends que si tout l'or et tout l'argent qui existent en France et même en Europe étaient au fin fond de la mer, la France et l'Europe, *dans l'état actuel des choses*, n'en seraient pas plus pauvres d'un centime. Ce n'est pas tout d'affirmer, je prouve.

Supposons que, dans un pays quelconque arrivé au même degré de civilisation que la France, tout l'or et l'argent monnayés ou non monnayés aient disparu par suite de causes qu'il n'est pas nécessaire d'examiner, et voyons ce qui arriverait si tout le monde, au lieu de s'effrayer au point de perdre la tête, sans savoir pourquoi, se mettait à chercher avec calme ce qu'il convient de faire.

Dans ce pays, les cultivateurs auront, je suppose, récolté une certaine quantité de céréales et autres produits du sol amplement suffisants pour nourrir toute la population; les maçons, charpentiers, forgerons auront bâti des maisons pour la loger; les tailleurs, cordonniers, chapeliers auront confectionné de quoi la vêtir; les arts de luxe n'auront pas été oubliés; il y aura des meubles, des tapis en quantité suffisante pour en donner à tous; mais il n'y aura dans le pays ni or, ni argent, ni aucune espèce de monnaie; tout le monde aura travaillé, tout le monde aura produit, mais chacun ne possédera que la chose même qu'il aura produite, savoir : le cultivateur du froment, le tailleur des habits, le maçon des maisons, etc. Il est évident que si les choses restent dans cet état, tout le monde possédera, mais chacun sera dans la misère : les uns iront tout nus, les autres coucheront à la belle étoile, d'autres mourront de faim, quand, cependant, il y aurait de quoi les contenter tous.

Comment faire pour sortir de là? Évidemment il faut trouver un moyen de répartir à chacun ce dont il a besoin, en le faisant participer à la richesse générale. Mais cette répartition, comment peut-on la faire? Faut-il, comme le demandent quelques écoles socialistes, faire une distribution générale et uniforme en donnant à chacun une égale quantité de chaque produit? à chacun tant de blé, tant de souliers, tant d'habits, etc.? Mais d'abord, outre que le principe de la répartition égale, et sans tenir compte de la part pour laquelle chacun a contribué à la production, n'est admis aujourd'hui que par un petit nombre d'esprits, il y a un autre inconvénient, c'est que la répartition en nature serait bien loin de satisfaire aux besoins, et encore moins aux goûts, aux désirs de tout le monde. Celui-ci mange peu, mais il aime à être bien vêtu ; il consomme peu de vivres, mais il use beaucoup d'habits et de souliers. Un autre ne tient ni aux plaisirs de la table, ni au luxe de la toilette, mais il demande une belle maison et des meubles de prix. La répartition en nature ne saurait donc, en aucune façon, résoudre le problème économique qui nous occupe ; elle aurait tout au plus pour résultat de fournir à chacun des objets de première nécessité, et le plus souvent des matières premières qui lui seraient inutiles, et par suite perdues pour tous, parce qu'il ne saurait en tirer parti ; la division du travail, ce grand principe du progrès social, se trouverait supprimée du même coup, et l'on reculerait jusqu'à cet état voisin des brutes dont l'humanité a eu tant de peine à sortir. La répartition en nature est donc impossible.

Alors supposons que le gouvernement au lieu d'adopter ce moyen en prenne un autre, et qu'il dise : il revient à chacun de vous une certaine part de la richesse générale. J'écarte la question de savoir comment cette part doit être établie, c'est un point que je compte traiter plus tard, mais qui, pour le moment, ne me regarde pas. Le gouvernement dira donc : d'après nos conventions, il revient à chacun de vous une certaine part dans la richesse générale, proportionnée aux produits dont vous êtes possesseurs ; nous proposons de donner à chacun un signe qui représente cette part, et de décréter qu'en retour de ce signe, il pourra exiger une portion équivalente de tout produit qu'il désire posséder.

De la sorte chacun pourra se défaire de ce qu'il a de superflu et obtenir ce qui lui manque. De plus, comme il importe que chacun puisse garder ou céder une partie quelconque de son avoir, aussi grande ou aussi petite qu'il le désire, l s signes que nous vous donnerons pourront se fractionner d'une manière régulière et constante, de telle sorte que chaque fraction représentera toujours une portion constante de la masse totale, chacune des plus petites fractions étant assez minime pour que toute valeur moindre puisse être négligée.

Il ne reste plus maintenant qu'à décider quelle sera la quantité totale de signes qu'il faudra donner, et la nature de la chose qu'il convient d'employer comme signe.

D'abord le signe ou les signes à donner à chacun doivent représenter exactement la part de valeur qui lui revient, et, par conséquent, la somme des *signes-valeurs* devra équivaloir à la somme des valeurs elles-mêmes, car toute valeur non représentée serait comme si elle n'existait pas, et non-seulement les individus, mais la société entière serait appauvrie de toute la masse de produits qui ne serait pas représentée.

Quant à la matière même du signe, on comprend que, quelle qu'elle soit, cette matière, comme toute autre employée par l'homme, sera le produit de son labeur, soit que, comme les peuplades de l'Afrique centrale, on adopte pour *signes de valeur* certains coquillages qu'on ramassera le long des grèves, soit que, comme d'autres peuples sauvages on emploie le sel, le blé, les graines de certains fruits, toutes choses qui demandent au moins le travail de la collection, soit enfin que, comme les nations civilisées, on emploie les métaux précieux, qu'on arrache avec grand'peine du sein de la terre, ou de méchants chiffons de papier que l'on peut imprimer par milliers dans une heure; ce qui est évident, c'est que moins il faudra de travail pour produire ces *signes-valeurs*, mieux cela vaudra, c'est-à-dire que toutes choses égales d'ailleurs, il faudra adopter pour signe la chose qui aura le moins de *valeur intrinsèque* possible.

Ces deux principes sont d'une importance capitale pour la discussion qui va suivre, il est indispensable qu'ils soient établis d'une manière absolue et irréfragable : j'y reviens donc de nouveau.

Je dis d'abord que, pour que la société tout entière jouisse toujours et à chaque instant de tous les biens qu'elle possède, pour que chacun de ses membres puisse prélever sur la richesse totale la part qui lui revient, suivant les conventions établies, il faut que la somme totale de signes-valeurs soit équivalente à la somme totale de produits ou de valeurs existantes, et que tout produit qui ne sera pas représenté sera comme s'il n'existait pas. Si, par exemple, des fabricants qui ont tissé un million de mètres de draps, les mettent sous clef et refusent de les livrer, il est évident que c'est comme si on les enlevait au pays ; car qu'on les tienne toujours sous clef ou qu'on les brûle, le résultat, en définitive, est le même. Mais que faut-il pour que les fabricants livrent leurs draps ? il faut qu'on leur en donn l'équivalent, c'est-à-dire que le pays tout entie leur doit donner des signes-valeurs qui représentent en produits autres que le drap l'équivalent de la valeur, qu'ils ont créée sous forme de drap, c'est-à-dire encore qu'après avoir été producteurs dans une certaine mesure, ils deviendront consommateurs dans une mesure égale. Ce qui est vrai des fabricants de drap, est vrai de toute autre classe de producteurs. Par rapport à eux, tous les autres membres de la société sont des consommateurs et doivent pouvoir leur livrer une quantité de *signes-valeurs* équivalant exactement aux produits qu'ils ont créés.

Les signes ne faisant que représenter la valeur des produits, il faut donc pour que tous ceux-ci puissent s'échanger à volonté, que la quantité des uns soit égale à celle des autres.

Prenons la même question sous une autre forme.

Les économistes nous disent que ce qui arrête la production, c'est le manque de débouchés; moi je prétends que ce qui arrête la production, c'est le manque de *signes-valeurs* qui la représentent; car qu'entend-on par débouché? c'est évidemment la consommation ; mais la consommation a-t-elle des limites? Non. Tel, par exemple, ne possède et n'use, dans un temps donné, qu'une paire de souliers et qu'une veste, tel autre use, à sa manière, dans le même temps, six paires de souliers et autant d'habits. Pourquoi ?

Parce que le premier ne peut offrir au cordonnier et au tailleur, en échange de leurs marchandises, que la sixième partie des valeurs que possède le second. Et pourquoi cela encore? Est-ce parce que le premier n'a produit pour la richesse sociale que le sixième de ce qu'a produit l'autre ? Oui, quelquefois, si c'est un fainéant, mais plus souvent encore lorsque c'est, comme la masse des ouvriers, un homme honnête et laborieux, c'est parce qu'on n'a pas voulu le laisser produire, c'est parce que, lorsqu'il ne demande qu'à produire et à consommer, c'est-à-dire à devenir riche en enrichissant les autres, il ne peut faire ni l'un ni l'autre.

Ainsi, non-seulement la distribution des richesses déjà existantes, mais encore la production ou la richesse future se règle sur la quantité du signe-valeur en circulation.

Je dis ensuite que moins les signes à créer pour représenter les produits auront de valeur intrinsèque, mieux cela vaudra, car nous supposons que la société dont nous parlons possède en somme tout ce qu'il lui faut pour satisfaire à ses besoins et à ses goûts, et qu'il ne lui manque que des signes pour représenter les produits qu'elle a créés, et pour en faciliter la répartition au gré de ses membres; de là il suit clairement que tout travail employé uniquement à créer le *signe-valeur* sera, par rapport au résultat direct, de pure surérogation et n'augmentera en rien les moyens de satisfaction ou de jouissance qu'on a déjà. Si donc le gouvernement de cette société décrète que le *signe-valeur* à employer sera une chose dont la production emploiera la millionième partie de la population, cette millionième partie cessant de contribuer à la production générale, la richesse totale sera diminuée d'un millionième qui représentera la *valeur intrinsèque* du *signe* et sera tout à fait indépendant de sa valeur conventionnelle. Si la production de ce signe emploie au contraire un centième de la population, la production générale sera diminuée d'un centième, et ainsi de suite. Si ce qui précède est exact comme je dois le croire, je suis en droit de conclure :

1° Que toute valeur doit être représentée;

2° Que toute valeur non représentée est comme si elle n'existait pas.

3° Que tout travail employé uniquement à augmenter la valeur intrinsèque du *signe de valeur* est du travail perdu;

4° Que tout *signe de valeur* doit avoir une valeur intrinsèque aussi faible que possible.

Cela posé, voyons si le système financier actuellement adopté par toutes les nations de l'Europe répond à ces conditions, et cherchons s'il ne sera pas possible de faire sortir de cet examen la cause de ces crises financières qui désolent la société moderne, et produisent peut-être plus de maux encore que la guerre et la peste.

Voyons d'abord quel est l'origine de ce système, et comment il a fonctionné jusqu'à nos jours.

Dans les sociétés primitives, chaque famille produit tous les objets de première nécessité et les consomme elle-même; les seules choses dont elle veuille se dessaisir, sont celles qu'elle regarde comme superflues; les transactions commerciales sont peu nombreuses, et le troc est le seul mode de répartir les produits. Plus tard, à mesure que se fait la division du travail, à mesure que les moyens de production se perfectionnent, que la richesse générale augmente en même temps que les besoins, que le commerce s'étend, que les relations deviennent plus nombreuses et surtout plus compliquées, le troc direct de l'objet qu'on possède contre celui qu'on désire devient de plus en plus difficile, parce que chacun ne produisant plus qu'un seul objet ou même qu'une partie d'un seul objet, il est rare que celui qui demande (c'est-à-dire l'acheteur) possède justement la chose dont a besoin celui auquel il s'adresse (c'est-à-dire le vendeur). Outre cette difficulté, il y en a d'ailleurs une autre non moins considérable, c'est que quand les objets ne peuvent pas se fractionner, il arrivera rarement que les deux choses à échanger aient la même valeur, ou en d'autres termes qu'il y ait un égal désir chez l'acheteur et le vendeur d'obtenir l'objet qu'ils n'ont pas et de se dessaisir de celui qu'ils possèdent.

Ces deux causes réunies ont fait bientôt comprendre qu'afin de pouvoir toujours obtenir la chose qu'on désire, il est nécessaire de posséder soi-même quelque objet qui soit toujours recherché par beaucoup de gens, ou même par tout le monde. Cet objet, à force d'être employé de la sorte, finit par être regardé comme un type auquel on rapporte tous les autres, il devient en un mot *mesure de valeur*. Les différents peuples suivant la forme et le degré de leur civilisation, ont employé et emploient encore différents objets comme *mesure de valeur*; mais l'expérience a démontré qu'afin de pouvoir servir de la sorte avec avantage, il était nécessaire que la chose employée réunît certaines conditions signalées par les économistes, et qui sont :

1° D'avoir une grande valeur sous un petit volume, afin d'être d'un transport facile.

2° De se conserver sans détérioration.

3° De pouvoir se fractionner facilement.

4° D'avoir une valeur constante ou à peu près.

Parmi tous les produits que l'homme se procure en modifiant à son profit la nature brute, les métaux sont ceux qui réunissent au plus haut degré ces quatre conditions; aussi les nations les plus civilisées de l'antiquité paraissent-elles avoir adopté les métaux comme mesure de valeur dès les premiers temps historiques. Deux métaux srutout, l'or et l'argent, ont été affectés à cette destination, probablement parce qu'ils réunissent certaines qualités qui manquent aux autres, telles que celles d'être inaltérables à l'air et par suite de conserver leur brillant et leur poli, d'être plus rares dans la nature que les autres métaux connus à cette époque, de n'être ni trop abondants ni trop communs et de ne changer que lentement de valeur intrinsèque.

Dans l'origine, l'or et l'argent s'employaien en masses ou morceaux plus ou moins gros, e s'échangeaient pour d'autres produits, comm ceux-ci auraient pu se troquer contre autre chose. La quantité de métal à donner se pesait comme toute marchandise, jusqu'à ce que, pour éviter les longueurs et la difficulté de cette opération, aussi bien que pour indiquer la pureté du métal, on imagina de donner à chaque morceau un poids convenu et de le revêtir d'un signe qui en indiquât la pureté et la masse. C'est là l'origine de la monnaie.

L'or et l'argent monnayé ne sont donc que des produits ou des valeurs, comme toute autre création du travail de l'homme; et tout négoce dans lequel on échange une certaine quantité de produits contre une certaine quantité d'argent monnayé, n'est toujours qu'un troc dans lequel on donne une valeur pour en recevoir une autre.

Mais une fois l'or et l'argent adoptés comme moyens uniques de troc, il s'ensuit d'après le principe que nous avons établi plus haut, que la répartition des produits, et par suite la richesse tant générale que particulière, que la production même, doivent nécessairement marcher de pair avec la production de ces métaux, puisque, comme nous l'avons vu, tout produit non représenté est comme s'il n'existait pas.

Et cependant il n'en a pas été ainsi, la production et l'accroissement de la richesse ont suivi et suivent une progression dont la raison est de beaucoup plus grande que celle de la production des métaux précieux, et voici comment. D'abord, ainsi que je l'ai dit, ces métaux n'ont pas été employés tout à coup comme moyen unique de troc, ce n'est que petit à petit et en s'employant concurremment avec le *troc direct* qu'ils sont parvenus à s'établir. A mesure cependant que la division du travail a fait diminuer la fréquence de ce dernier mode d'échange, la disproportion entre ces deux moyens a augmenté en faveur des métaux, jusqu'à ce que le troc direct ait fini par disparaître presque complètement. Alors ils s'est établi entre les valeurs à échanger et les moyens de les représenter une lacune qu'on a comblée par un moyen nouveau et naturel : le crédit.

Or, qu'est ce que le *crédit*? Sur ce point, les écrivains économistes sont aussi peu d'accord que sur tous les autres, cependant chacun conçoit à peu près ce que le mot veut dire quoiqu'il ne sache pas le définir. Lorsque j'envoie chez mon boulanger le prier de me donner un pain en lui promettant de le payer demain ; s'il me le donne, il me fait *crédit*. Si je dépose 1,000 francs chez un banquier, celui-ci m'ouvre un crédit jusqu'à concurrence de cette somme. Le mot paraît donc pris dans deux sens opposés par rapport à moi, quoiqu'au fond ces deux sens soient le même. Dans le premier cas, le boulanger m'ayant *fait crédit* a *une créance* ou *un crédit* sur moi, dans le second, comme j'ai *fait crédit* au banquier, j'ai un crédit ou une créance sur lui. Le crédit représente donc une valeur qui est sortie des mains de celui à qui elle appartient et qui doit y rentrer. Mais si mon banquier, au lieu simplement de m'inscrire sur ses livres comme ayant le droit de lui demander une certaine somme, me donne un *signe* qui puisse témoigner à tout le monde que j'ai ce droit, je pourrai me servir de ce signe vis-à-vis de tous ceux qui auront confiance dans la parole du banquier, de la même manière que je me serais servi de mon argent. De même aussi, si je donne au boulanger un signe qui marque que je lui dois une certaine valeur que je payerai à une certaine époque ou sur demande, il pourra à son tour employer ce signe à la place de la valeur qu'il représente. Or, on voit que ce système de *signes-valeurs* n'est autre chose que celui dont nous avons parlé déjà et que nous avons supposé appliqué d'une manière générale et absolue à toutes les valeurs, au lieu de l'être seulement à celles qui ne seraient pas représentées par le numéraire.

Le système financier actuellement adopté en Europe est donc double, d'un côté il admet, comme moyen unique d'échange, les espèces métalliques à *valeur intrinsèque*, d'un autre, comme la quantité de ces espèces et leur circulation ne correspondent pas à celles des valeurs, il admet un signe supplémentaire, sans valeur intrinsèque et que l'émetteur est toujours tenu de convertir en espèces. Mais cette supposition fondamentale de remboursement sur laquelle est basée tout le système financier de l'Europe est fausse, parce qu'elle est impossible. La quantité de valeurs représentées par les produits à mettre en circulation, a toujours été supérieure à celle des espèces métalliques. Ce qui est même plus important encore, c'est que, tandis que les produits du travail ont une tendance à augmenter indéfiniment, de sorte que la quantité de valeurs en circulation suit une progression toujours croissante, au contraire, la quantité d'or et d'argent, qu'il est possible d'extraire du sein de la tere, ponr la mettre en circulation comme signe de valeur, est à peu près fixe, ou n'éprouve qu'un léger accroissement progressif chaque année, parce que son augmentation, dans l'état actuel de la science, dépend de circonstances tout-à-fait fortuites, telles que la découverte de nouvelles mines, de nouveaux procédés d'exploitation, etc.

Voici alors quelles sont quelques-unes des conséquences de ce système. Tant que la confiance subsiste, c'est-à-dire tant que chacun est assuré que le papier qu'il tient sera remboursé en espèces, la circulation a lieu sans gêne, sans arrêt; et si la production est normale (1), la somme de valeurs en circulation, représentées par l'argent, le crédit et le papier réunis, tend sans cesse à se mettre en équilibre avec les valeurs produites, c'est-à-dire qu'on approche de plus en plus de cet état parfait, dont nous avons parlé, dans lequel la richesse générale devient, par la distribution, la richesse de chacun.

Mais dans cet accroissement des valeurs en circulation que les économistes appellent l'expansion du crédit, la masse des espèces monnayées restant à peu de choses près la même, à cause des frais de production dont nous avons déjà parlé, l'augmentation porte uniquement sur le crédit, qui est représenté, soit par compte, courant, soit par du papier, et le phénomène

(1) Ainsi que je l'ai déjà dit en commençant, je regarde la question de production comme distincte de celle de la circulation.

dans son entier, auquel on a donné le nom de *circulation*, constitue une série indéfinie, dont tous les termes sont des signes (papier ou crédit), représentant la valeur d'une même somme d'argent qui doit successivement parcourir et remplacer tous les anneaux de cette chaîne.

Qu'alors, au milieu de cette prospérité, il survienne une panique, c'est-à-dire que ceux qui veulent avoir des écus pour les enfouir ou les emporter, que les gens peureux par prudence, ou que quelques agioteurs par esprit de spéculation refusent de prendre des billets et arrêtent le numéraire à son passage, de suite cette nouvelle se répand de proche en proche, chacun, au lieu de croire que le papier qu'il tient vaut de l'argent, s'imagine qu'il ne sera jamais remboursé; chacun demande des écus, refuse de prendre autre chose que des espèces; et tandis que les détenteurs de numéraire le mettent de côté et refusent absolument de s'en dessaisir, ou ne le font que pour une prime considérable, les détenteurs de papier sont dans l'impossibilité absolue de remplir leurs engagements, quoique cependant la valeur relative de tous les produits n'ait pas changé et qu'un seul, l'argent, soit devenu plus rare.

Ainsi donc, toutes les fois que, pour une rafson ou une autre, il y a rareté de numéraire, le pays se trouve appauvri, non pas de la richesse que représente la valeur intrinsèque du numéraire qui a disparu, mais de tout le crédit auquel ce numéraire devait servir de fondement ; crédit qui peut croître, ainsi que nous l'avons vu, dans une proportion indéfinie. Tirons de là les conclusions qui en ressortent.

Nous avons vu plus haut que pour qu'il n'y ait jamais gêne financière, pour que chacun puisse jouir librement de la part qui lui revient de la richesse générale, il faut qu'il trouve de suite l'équivalent de ce qu'il a produit, il faut qu'il puisse consommer autant qu'il crée, ce qu'il ne pourra faire que s'il a le moyen de troquer son produit contre les produits des autres. Pour cela, il faut qu'il possède une part dans le signe de valeur, égale à la proportion qui existe entre sa production particulière et la production générale, et la gêne, c'est-à-dire le plus souvent la misère qu'il éprouvera, sera d'autant plus grande que la disproportion entre ces deux éléments sera plus considérable. Or, comme la disproportion entre le numéraire, seul *signe constant* aujourd'hui, et les valeurs produites tend sans cesse à s'accroître, il est évident que la quantité de papier qu'il faudra employer pour combler cette lacune croîtra dans la même proportion.

Mais comme la valeur du papier dépend de sa convertibilité possible en espèces, il est évident qu'à mesure que cette possibilité diminuera, les causes qui agiront pour la détruire deviendront de plus en plus puissantes ; d'où il suit logiquement, c'est-à-dire nécessairement et infailliblement, que dans le système actuel, les crises financières deviendront de plus en plus fréquentes, de plus en plus nombreuses, de plus en plus terribles. Il suffit de jeter les yeux sur l'histoire des cent dernières années, c'est-à-dire l'époque pendant laquelle ce système a acquis un certain développement, pour se convaincre de la vérité de cette déduction.

Puisque de telles conséquences sont la suite inévitable du système actuel, il s'ensuit également qu'il faut changer complètement de système, et le plus tôt possible.

Ce nouveau système, quel sera-t-il? C'est : 1° de remplacer complètement le numéraire par des signes, c'est que le gouvernement ne fabrique plus de pièces d'un franc ou de cinq francs, mais seulement des billets ; 2° c'est de maintenir la quantité de signes, autant que possible, au niveau de la production, *sans la dépasser jamais.*

De la sorte, quand un propriétaire, un détenteur de rentes sur l'État, d'actions de chemins de fer, de marchandises qu'il tient en magasin, viendra demander au gouvernement de lui avancer de l'argent sur hypothèque, en donnant en nantissement les valeurs qu'il possède, le gouvernement pourra toujours le faire, puisqu'il pourra toujours fabriquer, presque sans frais, autant de signes de valeur qu'il en faudra pour les besoins de la circulation.

Mais, me diront les banquiers, dont l'affaire est précisément de spéculer sur la valeur du signe monétaire ; mais, me diront les petits propriétaires qui n'ont d'yeux que pour leur cassette, vous voulez nous ramener au système des assignats, et vous savez bien ce que ce système a produit ! Personne en France n'en veut entendre parler.

Non, Messieurs, il y a entre le système des assignats et celui que je propose la différence du tout au tout. En effet, les assignats étaient bien des signes de valeur en papier ; mais à côté de ce signe-papier, la République admettait le signe-monnaie. Or, toutes les fois que ces deux signes existeront l'un à côté de l'autre, le signe numéraire sera toujours le plus recherché à cause de sa valeur intrinsèque, et il s'établira entre les deux signes une concurrence toute à son avantage. On n'a, en un mot, rien changé au système actuel. D'ailleurs les assignats sont tombés pour d'autres raisons : ils reposaient sur des valeurs qu'on pouvait alors contester, et on les a multipliés au-delà des valeurs qu'ils représentaient.

Ce que je propose, au contraire, c'est que le gouvernement de la République ne fabrique que des billets ayant pour garantie toutes les valeurs appartenant à l'État et toutes les valeurs particulières sur lesquelles la République pourra faire des avances, c'est-à-dire, en réalité, toute la fortune de la France. Ce que je demande ensuite, c'est qu'il décrète que le papier de la République, non-seulement aura cours forcé, mais qu'il aura *seul cours légal*. Ce que je demande encore, c'est qu'il décrète que dans toute transaction commerciale, soit par acte public, soit sous seing privé, il sera expressément stipulé que tout paiement mentionné dans ledit acte a été fait ou se fera en papier de la République, sous peine de nullité et de confiscation et de l'objet vendu et du prix d'achat. Ce que je demande enfin qu'il décrète, c'est qu'il est du devoir de tout citoyen de dénoncer aux autorités compétentes toute transaction dans laquelle le paiement aura été fait en valeurs autres que le papier de la République, parce que, si la dénonciation en soi est une chose indigne d'un honnête homme, il est cependant du devoir d'un bon citoyen de porter à la connaissance du gouvernement tout complot portant atteinte à la sûreté même de la société ; et que la tentative qui consiste à substituer un signe de valeur quelconque à celui décrété par la République, est un véritable complot, et équivaut, en réalité, à une fabrication de fasse monnaie.

Enfin, je demande que le gouvernement décrète que tous ceux qui possèdent de l'or ou de l'argent monnayé *pourront* se faire rembourser ces valeurs en signe légal, en s'adressant pour cela aux agens délégués à cet effet par le gouvernement.

Avant cependant de présenter le plan d'un projet de loi qui résume les idées qui précèdent, il me reste à répondre à quelques objections qu'on ne manquera pas de faire à mon système. La première, c'est qu'un gouvernement pressé par le besoin pourrait fabriquer autant de signes qu'il voudrait, ainsi que cela a eu lieu pour les assignats ; mais tous ceux qui ont la moindre connaissance des opérations de banque, savent qu'on peut établir un système de comptabilité tel, qu'il sera impossible de mettre en circulation un seul billet sans l'assentiment du pays. L'Assemblée nationale, d'ailleurs, pourra constituer une commission renouvelable tous les mois, et destinée à surveiller et contrôler cette opération, dont tous les comptes devront être publiés. C'est là une question de détail qui regarde les hommes spéciaux.

Une seconde objection, c'est que la contrefaçon serait aisée, et la découverte difficile ; encore une question de détail qui est depuis longtemps à l'étude, qui est je crois même épuisée, et qu'il suffira de soumettre aux académies et aux hommes du métier.

Une troisième objection, c'est qu'il faudra dans ce système créer du papier pour représenter les petites valeurs, et que l'emploi de ce papier sera peu commode. Cette troisième objection est également de peu d'importance, les moindres billets seront de 20 francs, les pièces de 5 francs et les autres pièces d'argent de valeur intrinsèque, seront remplacées par un signe métallique ayant une valeur conventionnelle et qui ne servira que d'appoint. Afin qu'il n'y ait pas d'appât pour la contrefaçon, il serait bon que le coût de fabrication de ces pièces équivalût, à peu de chose près, à leur valeur nominale. Quant à la nature du métal qu'on emploiera pour ces pièces et au détail de leur fabrication, ce sont encore là des questions qu'il faut renvoyer aux hommes spéciaux, et auxquelles je ne doute pas que la science du citoyen Pelouze, directeur de la Monnaie, ne trouve facilement une solution. Ce qu'il ne faut pas surtout perdre de vue, c'est qu'il doit y avoir entre la valeur nominative et la valeur intrinsèque de ces signes métalliques une différence considérable, afin que nous ne retombions pas dans les inconvéniens du système actuel, que ces signes métalliques ne fassent pas concurrence aux signes-papier, et ne puissent pas être retirés de la circulation.

Mais, me dira-t-on, pourquoi ne pas conserver la monnaie à valeur intrinsèque comme appoint? Parce que, tant que la monnaie d'appoint aura une valeur intrinsèque, elle disparaîtra toutes les fois qu'il y aura panique, parce qu'elle fera toujours alors concurrence au papier, parce qu'enfin ils serait aussi absurde de croire que la disparition du petit numéraire n'entrave pas la circulation qu'il le serait de croire qu'un fleuve coulerait toujours si l'on faisait tarir chacune de ses sources.

Une autre objection, c'est que si la République décrète que le signe-papier ou le signe-métallique conventionnel remplacera à l'avenir le signe à valeur intrinsèque, tout l'argent actuellement existant en France ira en pays étrangers. Mais à cela il suffit d'opposer la réflexion suivante : sauf quelques misérables qui aiment l'or parce qu'il est jaune et l'argent parce qu'il est blanc, sur lesquels le brillant des métaux précieux produit l'effet de l'œil du basilic, ceux qui amassent des espèces, les amassent pour s'en servir, pour acheter des terres, des maisons, des meubles, en un mot tous les agrémens, tout le nécessaire de la vie. Ceux qui voudront employer leurs écus de la sorte pourront se les faire rembourser en valeurs de la République, et achèteront alors tout ce dont ils auront besoin. Quant aux autres qui ne voudront pas dépenser leur fortune, ils pourront la garder jusqu'à ce que l'envie de thésauriser leur soit passée ; et quand même ils enverraient leurs écus hors du pays, je soutiens que la France n'en serait guère plus pauvre. Car ce qui fait sa richesse, ce ne sont pas les écus qui représentent les valeurs, mais ces valeurs elles-mêmes, c'est-à-dire les produits de ses terres, de ses ateliers, où des millions de bras, des milliers de têtes s'agitent ou méditent sans cesse pour transformer la matière et l'asservir aux besoins de l'homme. La France ne sera pas plus appauvrie en perdant ses écus qu'elle ne le serait si on lui enlevait la même quantité de métal en vaisselle plate, argenterie et bijoux, tous objets de luxe dont elle pourrait, à la rigueur, fort bien se passer, et qu'enfin le travail de ses enfans aura bien vite remplacés sous un système où l'accroissement de la production, c'est-à-dire de la richesse véritable, ne connaîtra plus d'entraves.

Enfin une dernière objection se présente, c'est celle-ci : Si vous n'avez plus ni or ni argent, comment solderez-vous les achats que vous ferez aux pays étrangers?

Mais, d'abord, qu'on veuille bien me dire comment ces achats se soldent aujourd'hui : est-ce en or et en argent? Nullement, c'est par lettre de change comme signe et comme réalité (car tout signe suppose une réalité), c'est en produits : le travail ne se paie qu'en travail. Il est vrai, et c'est là l'objection la plus grave, lorsqu'il y a eu des disettes, et qu'il a fallu acheter en pays étrangers les blés qui manquaient pour nourrir la population, on a quelquefois été obligé de payer en numéraire, parce que, d'après le système de signes-valeurs qui existe aujourd'hui en Europe, le numéraire seul a cours forcé partout. Mais un pareil événement n'est plus à craindre aujourd'hui, pour deux raisons : la première, c'est que le gouvernement républicain ne manquera pas de donner tout d'abord ses soins à l'agri culture, cette source inépuisable de richesses et de force pour les nations, qu'il fera établir partout des greniers publics d'abondance, de sorte que la disette deviendra impossible; la seconde, c'est que le papier de la République, ayant pour garantie la richesse du pays tout entier, et pouvant toujours s'échanger contre des produits français, aura cours dans tous les pays civilisés, absolument comme tout autre signe de valeur, et ne pourra jamais subir de dépréciation plus que ne le font aujourd'hui les billets de la banque d'Angleterre; d'ailleurs le gouvernement pourra toujours tenir dans les caves du Trésor une certaine quantité de métaux *en lingots* qu'il pourra vendre à ceux qui en demandent, comme on vend toute autre marchandise.

Telles sont les idées que je soumets aux méditations des membres du Gouvernement provisoire, et surtout à l'expérience et aux lumières du ministre des finances. Elles auraient pour résultat, si elles étaient réalisées, d'organiser pour chacun et pour tous un vaste système de crédit où la France entière serait à la fois débitrice et créancière. De la sorte, la production et le crédit marchant de pair, le gouvernement ouvrirait à chacun une page dans le grand-livre de la nation; et de même que la réalisation du gouvernement républicain sera le gouvernement de tous par tous, de même le ***crédit républicain*** sera le crédit de tous à tous.

Il ne s'agit pas ici seulement d'un système transitoire pour remédier à la gêne financière actuelle ; il s'agit de l'organisation définitive du crédit comme point de départ pour la solution de tous les grands problèmes sociaux que la France est appelée à résoudre.

J'appelle donc sur cette grave question les méditations, les remarques et les objections de tous les bons citoyens, de tous les amis de leur pays, des hommes de toutes les nations, dont le cœur est assez vaste pour embrasser dans un seul amour l'humanité tout entière.

PROJET DE LOI.

Le gouvernement de la République française,

Considérant que s'il est urgent d'organiser le travail et l'industrie, il n'est pas moins nécessaire d'asseoir le système financier du pays sur de telles bases que toute crise purement financière devienne à tout jamais impossible ; considérant, en outre, que toutes les crises financières dépendent :

1° De ce que le numéraire est le seul signe de valeur légale;

2° Que tout autre signe suppose celui-là.

3° Que la disproportion entre la quantité de signes numéraires et la quantité de valeurs à représenter va sans cesse en croissant, et que, par suite, les causes de perturbation deviennent de plus en plus fréquentes et de plus en plus puissantes;

Considérant enfin que tout signe de valeur étant purement conventionnel, peut être réglé et déterminé par l'autorité compétente, décrète ce qui suit :

TITRE PREMIER.

Art. 1er. A partir du 1er 1848, les seuls signes de valeur ayant cours légal seront ceux émis par le gouvernement de la République.

Ces signes seront :

1° Des billets ayant valeur nominative de 20 francs et au-dessus;

2° Des *signes* métalliques ayant valeur nominative de 5 francs et au-dessous.

Art. 2. Les signes métalliques n'auront cours légal que comme appoint, et pour les valeurs au-dessous de 20 francs.

TITRE II.

Art. 1er. A partir du 1er 1848, aucun paiement ne pourra être fait en signes de valeur autres que ceux de la République, sous peine, pour le vendeur, de confiscation de l'objet vendu, et pour l'acheteur, d'une amende égale au prix de l'achat.

Art. 2. Tout contrat, soit par acte public, soit sous seing privé, devra porter que l'objet de la transaction a été payé ou sera payé en signes-valeurs de la République, sous peine de nullité, outre les peines mentionnées en l'article précédent.

Art. 3. Tout détenteur ou propriétaire d'espèces métalliques pourra se les faire rembourser, sans frais, en signes-valeurs de la République, en s'adressant aux fonctionnaires mentionnés aux titres suivans.

TITRE III.

Art. 1er. Il sera établi une banque centrale ayant le titre de banque de la République.

Art. 2. Cette Banque pourra émettre au fur et à mesure des besoins une somme de signes-valeurs de la République, équivalente au quart de la valeur des propriétés nationales qui en seront la garantie.

Art. 3. Cette somme servira à établir des ateliers nationaux et à organiser le travail d'après le principe de l'association républicaine.

Art. 4. La Banque nationale pourra, sur leur demande, faire avance à tous propriétaires fonciers ou détenteurs d'autres valeurs jugées fixes et non sujettes à se détériorer, d'une somme qui ne dépassera pas la moitié des valeurs qu'ils offrent en nantissement.

Art. 5. Cette créance de l'État aura la priorité sur toute autre quelle qu'elle soit.

Art. 6. Ces avances se feront à titre gratuit.

Art. 7. La Banque nationale, par l'intermédiaire des agents de finance dans les départemens, remboursera à tout propriétaire d'espèces et sans frais, la valeur intégrale des anciens signes-valeurs de la nation.

Art. 7. Les anciens signes monnayés qui rentreront dans les caisses de la République seron immédiatement fondus en lingots. Ces lingots pourront être vendus à ceux qui en feront la demande, sauf une quantité équivalant à la valeur d'une année de consommation en céréales qui sera conservée dans les caisses de l'Etat.

TITRE IV.

Art. 1er. A l'avenir la République s'interdit formellement et à tout jamais la création de tout signe de valeur autre qu'un signe conventionnel.

Art. 2. Tout nouveau signe métallique n'aura qu'une valeur conventionnelle, et sa valeur intrinsèque sera aussi minime que possible.

Art. 3. Des lois spéciales détermineront ultérieurement quelles sont les valeurs autres que celles mentionnées en l'art. 4, titre III ci-dessus, sur lesquelles il sera permis à la Banque de faire des avances.

FIN.

IMPRIMÉ CHEZ PAUL RENOUARD,
rue Garancière, 5.

www.ingramcontent.com/pod-product-compliance
Ingram Content Group UK Ltd.
Pitfield, Milton Keynes, MK11 3LW, UK
UKHW020955220726
13924UKWH00002B/703

9 782019 661892